Todo sobre los insectos
Las cucarachas
Aaron Carr
AV2 SPANISH
www.openlightbox.com

Paso 1
Ingresa a **www.openlightbox.com**

Paso 2
Ingresa este código único
AVD73472

Paso 3
¡Explora tu eBook interactivo!

Las cucarachas
Iniciar
Comparte

AV2 es compatible para su uso en cualquier dispositivo.

Tu eBook interactivo trae...

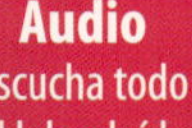

Audio
Escucha todo el lobro leído en voz alta

Videos
Mira videoclips informativos

Enlaces web
Obtén más información para investigar

¡Prueba esto!
Realiza actividades y experimentos prácticos

Palabras clave
Estudia el vocabulario y realiza una actividad para combinar las palabras

Cuestionarios
Pon a prueba tus conocimientos

Presentación de imágenes
Mira las imágenes y los subtítulos

Comparte
Comparte títulos dentro de tu Sistema de Gestión de Aprendizaje (LMS) o Sistema de Circulación de Bibliotecas

Citas
Crea referencias bibliográficas siguiendo los estilos de APA, CMOS y MLA

Las cucarachas

Contenidos

Conoce a las cucarachas.

Las cucarachas son insectos pequeños.

Tienen el cuerpo largo y aplanado.

Hay cucarachas en todas partes del mundo.

Viven en lugares oscuros y cálidos.

Las cucarachas nacen de huevos.

Cuando nacen, se llaman ninfas.

9

Las ninfas de cucaracha crecen muy rápido.

Al crecer, las ninfas de cucaracha cambian su piel varias veces.

Algunas cucarachas tienen alas cuando son adultas.

Pueden volar distancias cortas.

Las cucarachas pueden correr 5 pies en un segundo.

Esto las convierte en el insecto más veloz del mundo.

Las cucarachas tienen diferentes formas de comunicarse entre sí.

Usan el tacto, gusto, olfato y oído.

Las cucarachas comen prácticamente cualquier alimento que encuentran.

Por eso, las cucarachas pueden vivir en muchos lugares.

Las cucarachas son importantes en la naturaleza.

Comen plantas y animales muertos. Esto ayuda a que crezcan más plantas.

DATOS SOBRE LAS CUCARACHAS

Estas páginas contienen más detalles sobre los interesantes datos de este libro. Están dirigidas a los adultos, como soporte, para que ayuden a los jóvenes lectores a redondear sus conocimientos sobre cada criatura presentada en la serie *Todo sobre los insectos.*

Páginas 4–5

Las cucarachas son insectos pequeños. Los insectos son animales pequeños con seis patas articuladas y el cuerpo segmentado, con un caparazón duro llamado exoesqueleto. El cuerpo está dividido en tres partes: la cabeza, el tórax y el abdomen. Hay más de 4000 especies de cucarachas. La cucaracha americana mide cerca de 2 pulgadas (5 centímetros) de largo y es de color marrón rojizo. La cucaracha más grande mide 6 pulgadas (15 cm) de largo y sus alas tienen una envergadura de 1 pie (30 cm). Las cucarachas han vivido en la Tierra por más de 320 millones de años.

Páginas 6–7

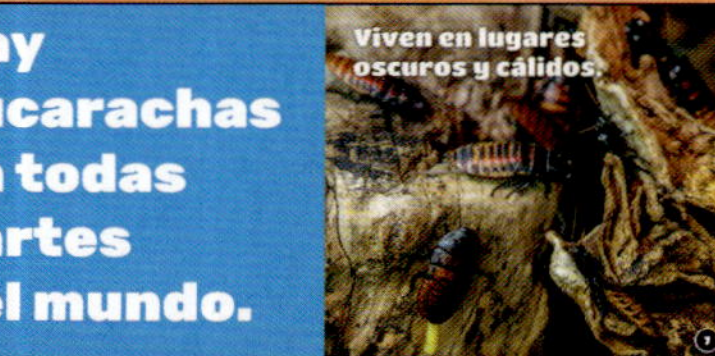

Hay cucarachas en todas partes del mundo. Los únicos lugares donde no hay cucarachas son las regiones polares y los lugares que están a más de 6500 pies (2000 metros) sobre el nivel del mar. La mayoría de las especies de cucarachas viven en entornos cálidos, húmedos y oscuros, como los bosques, cuevas y malezas. Algunas cucarachas incluso pueden vivir en lugares secos, como los desiertos. Solo unas 30 especies de cucarachas viven dentro de las casas u otros edificios.

Páginas 8–9

Las cucarachas nacen de huevos. Se desarrollan en tres etapas: huevo, ninfa y adulta. La mayoría de las especies ponen huevos en una bolsa llamada ooteca. En algunas especies, la ooteca está afuera del cuerpo de la madre y en otras, adentro. Algunas especies llevan los huevos dentro del cuerpo sin una ooteca. Una especie pare a la cría en forma similar a la reproducción de los mamíferos. Cuando los huevos eclosionan, las crías de cucaracha, o ninfas, son como cucarachas pequeñas pero sin alas.

Páginas 10–11

Las ninfas de cucaracha crecen muy rápido.

Las ninfas de cucaracha crecen muy rápido. Al nacer, las ninfas son blancas y blandas. Rápidamente, su cuerpo se endurece y adquiere un color marrón. Al crecer, las ninfas cambian su piel varias veces. Esto se llama muda. Algunas especies tardan solo unas semanas en convertirse en adultas, mientras que otras tardan más en desarrollarse. La cucaracha oriental puede tardar más de un año en madurar.

Páginas 12–13

Algunas cucarachas tienen alas cuando son adultas. En la mayoría de los tipos de cucarachas, los machos adultos tienen dos pares de alas y las hembras adultas tienen alas pequeñas o no tienen alas. De todos modos, las cucarachas no son buenas voladoras. La cucaracha americana macho puede volar cortas distancias, pero puede planear hasta más lejos si vuela desde un lugar alto. La mayor parte del tiempo, las cucarachas prefieren correr.

Páginas 14–15

Las cucarachas pueden correr 5 pies en un segundo.

Las cucarachas pueden correr 5 pies en un segundo. Esta velocidad le permitió ganar el récord mundial como el insecto más rápido del mundo. Ajustado a los diferentes tamaños, una cucaracha que corre a 5 pies (1,5 m) por segundo es lo mismo que un humano que corre a 200 millas (320 kilómetros) por hora. A máxima velocidad, las cucarachas corren con sus patas traseras. Cuando van más despacio, usan sus dos largas antenas para sentir lo que pisan y no chocarse con nada.

Páginas 16–17

Las cucarachas tienen diferentes formas de comunicarse entre sí. La mayoría de las cucarachas usan el tacto, gusto y olfato para comunicarse. Usan sus antenas para detectar objetos u otras cucarachas y para captar olores en el aire. Las cucarachas pueden identificar a su familia y amigos oliéndolos. Algunos tipos de cucarachas se comunican a través de sonidos. Emiten un sonido o frotan sus alas para hacer ruido.

Páginas 18–19

Las cucarachas comen prácticamente cualquier alimento que encuentran.

Las cucarachas comen prácticamente todo lo que encuentran. Son omnívoras. Esto significa que comen tanto plantas como animales. Pero, también se sabe que las cucarachas comen cosas como papel y ropa. La dieta adaptable de las cucarachas les ha permitido ser el animal con mayor supervivencia. Las cucarachas pueden vivir hasta un mes sin comer nada y hasta una semana sin agua.

Páginas 20–21

Las cucarachas son importantes en la naturaleza. Son descomponedoras. Esto significa que buscan plantas y animales muertos y en descomposición para comer. Al comer materia orgánica muerta, las cucarachas tienen un rol importante en sus ecosistemas. Como descomponedoras, ayudan a descomponer la materia muerta y liberar nutrientes que regresan al suelo. Esto a su vez hace que el suelo se mantenga sano para que crezcan nuevas plantas.

Published by Lightbox Learning Inc.
276 5th Avenue, Suite 704 #917
New York, NY 10001
Website: www.openlightbox.com

Library of Congress Control Number: 2023930867

ISBN 978-1-7911-5509-4 (hardcover)
ISBN 978-1-7911-5510-0 (multi-user eBook)

Printed in Guangzhou, China
1 2 3 4 5 6 7 8 9 0 27 26 25 24 23

032023
101722

Designer: Ana María Vidal
English Project Coordinator: John Willis
Spanish Project Coordinator: Sara Cucini
English/Spanish Translator: Translation Services USA

Every reasonable effort has been made to trace ownership and to obtain permission to reprint copyright material. The publisher would be pleased to have any errors or omissions brought to its attention so that they may be corrected in subsequent printings.

The publisher acknowledges Getty Images and Minden Pictures as the primary image suppliers for this title.